AF257451

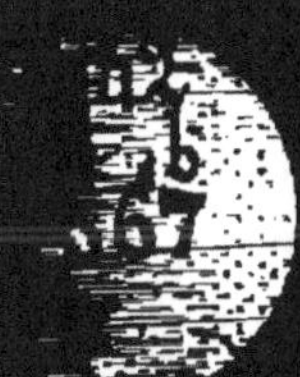

RELATION HISTORIQUE

DU VOYAGE

DE QUINZE DES DÉPORTÉS,

CONDAMNÉS LE 18 FRUCTIDOR AN V.

Depuis l'instant de leur départ du Temple, jusqu'à celui de leur embarquement à Rochefort;

Où l'on trouve leurs noms, leur âge, leurs qualités, leur signalement; ce qu'ils ont dit et fait de remarquable pendant la route; avec la conduite qui a été tenue à leur égard, et l'esprit des communes par où l'on a passé.

PAR UN CITOYEN DE L'ESCORTE.

A PARIS,

Chez les marchands de nouveautés.

An 6 de la République.

RELATION HISTORIQUE

DU VOYAGE

DE QUINZE DES DÉPORTÉS,

CONDAMNÉS LE 18 FRUCTIDOR AN V.

CE fut le 23 fructidor, an V, à trois heures du matin, que les déportés partirent du Temple, sous l'escorte de 115 hommes de troupes, tant sous-officiers que chasseurs du 21ᵉ régiment, commandés par un général de brigade, deux adjudans-généraux, deux adjoints et un chef d'escadron.

La veille, à 6 heures du soir, les condamnés avoient été prévenus de leur départ ; toute communication avec leur famille leur avoit été permise jusqu'à ce moment. On leur avoit laissé le tems convenable pour s'approvisionner des effets dont ils pouvoient avoir besoin pour leur voyage.

A minuit, le général Augereau s'étoit rendu au Temple ; il n'en repartit qu'après s'être assuré que les ordres qu'il avoit donnés pour le départ seroient ponctuellement exécutés.

A minuit et demi , Barthélemy arriva du Directoire , où il étoit gardé chez lui; il fut conduit aussitôt à la tour du Temple.

A une heure du matin , le concierge de cette maison d'arrêt vint annoncer que le domestique de Barthélemy sollicitoit la permission de suivre son maître. Le général Augereau ordonna qu'on le fît entrer. —— Vous êtes, lui dit-il , dans l'intention de suivre votre maître. —— Oui , général. —— Faites bien vos réflexions , dit Augereau. —— Elles sont toutes faites , lui répliqua-t-il; je vous invite, général, à vouloir bien me faire passer de suite auprès de mon maître; je desire l'accompagner. —— Puisque vous le voulez , dit le général , allez ; c'est un bien singulier dévouement.

Quelqu'un manifestant une sorte d'admiration pour cet héroïsme d'attachement; sans doute, reprit Augereau , une telle conduite seroit bien louable et bien belle, si elle étoit inspirée par l'amour de la patrie et de la liberté ; mais quand on s'attache aux pas du crime , c'est se montrer son esclave ou son complice.

Les voitures qui devoient être rendues au Temple à une heure, ne furent amenées qu'à trois heures du matin. Le général Augereau, impatient de ce retard , qui lui parut provenir d'une négligence coupable ou d'une malveillance intéressée de la part de quelques subalternes, les avoit envoyé chercher jusqu'à trois fois. Enfin elles arrivèrent ; c'étoient trois énormes charriots grillés en fer, en forme de cage , et les mêmes qui avoient servi , l'année précédente, à transporter Babœuf et ses co-accusés à la haute-cour de Vendôme. Elles avoient été construites exprès.

Rovère , à qui on en attribue l'invention , ne s'attendoit pas à en faire , sitôt, lui-même , ce douloureux usage.

La garde du Temple se mit sous les armes et se rangea sur deux haies ; les déportés, passèrent au milieu pour se rendre aux voitures qui les attendoient dans la première cour. Il pleuvoit à verse. Les militaires , indignés d'ailleurs par la présence de ces hommes qu'ils regardoient justement comme les principaux auteurs de tous nos maux, leur adressèrent quelques complimens peu flatteurs. Bourdon (de l'Oise) sur-tout fut singulièrement apostrophé.

Les déportés eurent la pleine liberté de choisir leurs compagnons de voyage ; les associations, comme on va le voir , se trouvèrent parfaitement faites.

La première voiture portoit Bourdon (de

l'Oise), Rovère, Pichegru, Aubry et Delarue, ex-inspecteurs des salles du corps législatif.

La deuxième voiture : Lavilleurnois, Brothier, Dossonville et Ramel.

La troisième : Barthélemy, Murinais, Tronçon-du-Coudray, Barbé Marbois, Lafond-Ladebat et Letellier, domestique de Barthélemy.

Tandis que les deux dernières voitures se complétoient, on entendit une rumeur sourde dans la première voiture. On approche pour entendre ; c'étoient quelques-uns des déportés qui se plaignoient et qui se faisoient, d'une manière assez obscure, des reproches respectifs. Bourdon dit qu'ils ne devoient pas se regarder comme infortunés, qu'ils n'étoient victimes que de leur attachement à la bonne cause ; au surplus, continua-t-il, lorsque je faisois quelques propositions salutaires (1), on avoit l'impertinence de me reprocher que ce n'étoit que l'après-dîner, et qu'il falloit réfléchir. Hé bien ! réfléchissez maintenant.

____

(1) Lorsque le message du Directoire exécutif, concernant l'arrivée des troupes à Paris, fut lu au conseil des cinq-cents, Bourdon répéta assez haut à plusieurs de ses collègues, ce qu'il avoit proposé souvent aux inspecteurs de la salle, au sujet des directeurs Barras, Rewbell et Larévellière-Lépeaux : *Il faut mettre ces trois b... es-là hors la loi ; si nous différons, nous sommes perçus.* Ce propos fut entendu par quelqu'un qui étoit à côté de Bourdon.

Les voitures défilèrent; elles traversèrent Paris, sous l'escorte ci-dessus, augmentée d'un renfort qui l'accompagna jusqu'à la barrière d'Enfer.

Nous arrivâmes à Arpajon vers midi; les déportés y couchèrent; Barthélemy, qui ne s'étoit point encore trouvé réuni commodément avec eux, reçut, en cet endroit, leurs complimens de condoléance. Tronçon-du-Coudray, Delarue et Aubry lui portèrent la parole. *C'est pour nous*, lui dirent-ils, *que vous éprouvez ce cruel désagrément*. Ils lui témoignèrent tous combien ils étoient sensibles à sa situation.

L'administration municipale d'Arpajon, toute anti-fructidorienne, montra beaucoup de froideur dans les mesures qu'il lui fallut prendre. Le commissaire du Directoire exécutif, excellent républicain, déploya tout le zèle et l'activité désirables dans cette circonstance. Le peuple accourut en foule pour voir les déportés, et la garde nationale fit bien son service.

A Etampes, même empressement de la part du peuple pour voir les *tyrans*, c'étoit son expression; la municipalité de cette commune est aussi anti-fructidorienne; nous ne fîmes que rafraîchir.

A la nouvelle de notre approche, les municipaux et le commandant de la garde nationale d'Angerville, lieu de notre seconde couchée, désertèrent la commune. Le commissaire du directoire exécutif resta seul ; il apporta beaucoup de lenteur et très-peu d'intérêt à s'acquitter de ses fonctions. Quoiqu'il eut été prévenu de notre arrivée plusieurs heures auparavant, le détachement de garde nationale qui avoit été commandé ne vint que trois heures après, encore avec beaucoup de difficultés et de répugnance. C'est le seul endroit où le peuple et la garde nationale aient montré autant d'indifférence.

. Le 25, à quatre heures après midi, nous entrâmes dans Orléans, ville puante de royalisme ; les collets noirs et verts y brillent plus que jamais, en dépit de la loi et des arrêtés du directoire. Le gouvernement et la république y sont traînés dans la boue par une horde infernale de contre-révolutionnaires.

Si Orléans renferme encore quelques républicains, ils sont tellement conspués qu'ils n'osent se montrer. Les administrations municipales et départementales souffrent toutes ces horreurs et paroissent soutenir cette jeunesse royale. A peine étions nous descendus que les déportés ont reçu des présens de tout genre, en commestibles et autres objets. Au lieu de seize matelats qu'on avoit seulement demandé, il s'en est trouvé plus de cent ; des lits de plumes, des coussins, des commodités de toute espèce pleuvoient dans la prison. Enfin on a été obligé d'y mettre ordre.

Delarue et quelques autres se mirent à jouer, comme s'ils eussent été dans la bonne société ; l'accueil distingué qu'on leur faisoit à Orléans et dont ils parurent infiniment satisfaits, leur persuada aisément qu'ils étoient en assemblée de famille ; ils calmèrent leurs soucis par les douces liqueurs qui leur avoient été apportées, et se livrèrent, autant qu'ils le purent, aux épanchemens de la joie.

Isaac-Etienne Delarue, ex-député, est un homme âgé de trente-trois ans, taille de cinq pieds six pouces six lignes ; il affectoit un air riant et décidé, mais son embarras perçoit à travers la dissimulation dont il cherchoit à s'envelopper. Il montroit le plus grand attachement pour le jeu. Il faisoit sa partie régulièrement tous les soirs ; quand ses camarades n'etoient pas disposés à jouer, il appelloit Dossonville, qui venoit aussitôt se consoler avec lui des dégoûts multipliés que sa compagnie lui faisoit éprouver.

Jean-Baptiste Dossonville, ex-inspecteur de la police des Tuileries, et précédemment inspecteur-général adjoint près le ministre de la police générale *Cochon*, est très-connu ; c'est

un homme de quarante-cinq ans ; il a le regard faux, perçant et effronté, la figure im-
pudente et l'air vil.

Dossonville n'a pas de très-grands moyens
du côté de l'esprit, mais c'est un tartufe,
un caméléon d'espionage, dont le cœur est
rempli de noirceur, de méchanceté et de
perfidie ; c'est un être qui a trahi également
les rois et la république ; il est capable de
tout pour assouvir son intérêt et son infâme
débauche. De tems à autres il poussoit des
mugissemens de fureur, d'en avoir agi, disoit-
il, avec autant de douceur et de ménage-
ment envers des hommes qui le sacrifioient
aujourd'hui. Si je puis revenir, ajoutoit-il,
je mourrai content, pourvu que je fasse ex-
terminer tous les scélérats qui ont assassiné
la vertu et l'innocence.

Pour tâcher de capter la confiance et de
surprendre encore l'estime de ses camarades,
Dossonville ne négligeoit aucune occasion de
débiter une sottise, comme nous le remarque-
rons souvent dans le cours de cet écrit

Les députés partirent d'Orléans grande-
ment satisfaits de l'accueil favorable que leur
avoient fait les royalistes de ce pays ; aussi
ont-ils beaucoup regretté Orléans pendant
toute la route.

A cinq lieues delà, est un assez gros bourg

que l'on nomme Beaugency; les déportés y
parurent plus radieux qu'à l'ordinaire. Ils se
firent raser et peigner. La gaîeté qui brilloit
sur leur front, fit appercevoir qu'ils comp-
toient sur un prompt changement de sort ;
ils dînèrent et burent sur-tout plus qu'ils
n'avoient encore fait. Un officier municipal
vint nous prévenir qu'un *monsieur* de cette
commune avoit annoncé la veille que les déportés n'iroient pas encore bien loin. Nous
sûmes que les déportés étoient informés qu'un
rassemblement nombreux *d'honnêtes gens* les
attendoient sur notre passage, dans un bois
qui est à deux lieues, pour attaquer l'escorte
et les délivrer, ce qui engagea le général à
prendre de plus grandes précautions encore
qu'auparavant. La troupe étoit parfaitement
disposée et elle desiroit cette occasion de se
mesurer avec les brigands royaux ; mais soit
que le rassemblement ne fut pas encore formé,
soit qu'ils n'osassent pas attaquer, nous pas-
sâmes fort tranquillement à travers la forêt.

Le peuple de Blois est venu trois quarts
de lieues au devant de nous, en faisant re-
tentir les airs des chants républicains, *ça ira,*
allons enfans de la patrie, etc., etc. Depuis
plus de deux années ces chants étoient proscrits et n'avoient point été entendus dans
cette contrée. Les déportés, qui virent bien

qu'ils n'alloient pas avoir une aussi brillante réception qu'à Orléans, se fâchèrent de la joie publique, et prirent delà occasion de se plaindre qu'on les insultoit.

Blois paroît renfermer beaucoup de républicains. Les administrations municipales et départementales, très - anti - fructidoriennes, virent avec déplaisir les démonstrations non-équivoques de l'allégresse commune. Elles sembloient partager la peine des déportés. Les municipaux, parmi lesquels il n'y avoit qu'un seul patriote, qui étoit proscrit par eux et qui n'osoit paroître, se concertèrent ensemble pour donner aux déportés une garde composée de leurs amis. Le général, instruit du mauvais esprit de ces administrations, fit garder la prison par des chasseurs de l'escorte et par des gendarmes.

Avant de se coucher, Rovère se plaignit de la dureté des voitures ; on lui répartit assez vivement qu'il devoit s'en prendre à celui qui en avoit donné l'idée. Tout le monde jetta sur lui un coup-d'œil expressif, Rovère se mit au lit sans proférer un seul mot; ce qui ne l'empêcha pas de s'en plaindre encore dans une lettre qu'il écrivit à sa femme.

Barbé-Marbois avoit l'air inquiet et mélancolique : c'étoit son état habituel.

François Barbé-Marbois, (1) ex-député, est un homme sec, âgé de cinquante-trois ans, son visage est décharné. Il conservoit l'espoir de recouvrer sa liberté. Sa femme vint le rejoindre à Blois ; elle obtint la permission de communiquer avec lui, en présence d'un commissaire. Elle arrivoit de Metz, extrêmement fatiguée. A peine Barbé-Marbois l'apperçut ! Ah ! vous voilà ma chère, s'écria-t-il ; comment vous voilà ! mais je vous l'avois défendu. Comment avez-vous pu supporter la fatigue d'un si long voyage ? Je le devois, répondit-elle, à votre position et à la mienne.

Ces premiers complimens terminés, *madame* Barbé-Marbois ne put s'empêcher d'adresser

---

(1) Barbé-Marbois, ancien intendant pour le roi à St.-Domingue ; il y fit peser sur les nègres et les autres hommes de couleur, un despotisme tel que la tyrannie européenne n'en a jamais approché. Barbé servit avec un zèle barbare la férocité des colons.

En 1789, il fit tous ses efforts pour maintenir dans St.-Domingue l'ancien régime et la monarchie. Les patriotes du Cap, voulant punir cet excès d'audace, envoyèrent une frégate pour arrêter Barbé-Marbois ; mais il n'étoit plus tems, le satrape étoit disparu.

On se souvient que Barbé-Marbois a vanté à la tribune des cinq-cents l'économie de Cochon, parce qu'il n'avoit employé qu'une somme de 50 millions, disoit-il, en dépenses secrètes ; c'est-à-dire, pour conspirer contre la patrie et les républicains que cet inquisiteur a fait assassiner.

quelques reproches à son mari, sur la conduite qu'il avoit tenue au corps législatif,
et qui lui valoit sa déportation. Voyez, lui
dit-elle, dans quel état vous laissez votre
famille.... Barbé-Marbois, assez embarassé,
chercha à s'excuser, en alléguant qu'il avoit
été influencé par de mauvaises têtes ; je ne
sais par quelle fatalité, ajouta-t-il, je me
suis laissé entraîner par un zèle imprudent,
dans certaines circonstances. Nous sommes
ici cinq dans le même cas, nous formons société à part, Tronçon-Ducoudray, Murinais,
Barthélemy, Lafond-Ladebat et moi. Que
font nos amis pour nous à Paris ! — On m'a
fait espérer que vous auriez votre liberté, en
arrivant à Rochefort.— Ah ! ma chère, combien je suis sensible à toutes vos démarches !...
Et notre chère fille, il faut cependant songer
à la marier.— Mais, en vérité à quoi pensez-
vous ? Elle n'a que douze ans : vous m'en
avez déjà parlé dans plusieurs lettres. On
remarqua que les deux époux se parloient
avec beaucoup de respect et un grand céré-
monial. Ils déjeunèrent ensemble. Barbé-Marbois obtint ensuite la permission de présenter
son épouse à ses compagnons de voyage. Voilà,
leur dit-il, *madame* Barbé-Marbois ; ils se
levèrent tous et répondirent à sa profonde révérence par un salut non-moins profond.

Ils la prièrent de se charger de complimens pour leur famille; Rovère principalement, perçant la foule, lui dit, d'un ton gracieux, mille choses agréables. Ce fut ainsi que se termina cette très-courte visite.

Madame Barbé-Marbois, en s'en retournant, demanda à son mari dans quel espèce de voiture voyagez-vous? —— Dans des chariots à-peu-près semblables à ceux des convois militaires, ou plutôt nous sommes dans de vraies cages de fer, dont le cahotement insuportable nous écrase. —— Ah! mon dieu! pourquoi ne prenez-vous pas une voiture plus douce, monsieur. —— Cela ne dépend pas de nous.

Après que madame Barbé-Marbois eut fait ses adieux à son mari, le *chevalier* de Liman, capitaine-commandant la gendarmerie à la résidence de Blois, qui étoit aux aguets depuis l'arrivée de cette dame, saisit une si belle occasion pour lui faire sa révérence et lui proposer le bras pour la reconduire à son auberge; il s'appitoya fort sur son infortune et sur celle de son mari. Ce complaisant chevalier, qui commandoit la garde intérieure de la prison, chuchota quelques mots très-bas à l'oreille de la dame, quitta son poste et la ramena chez elle, avec les belles manières et les graces *d'un vrai chevalier français*. Le général ayant été informé de cet aventure, ordonna au galant chevalier de garder les arrêts, L'inc-oyable trouva fort mauvais ce procédé. C'est un de ces messieurs qui ne peuvent supporter les téo-istes, qui ont été assez impertinens pour faire le 18 fructidor.

Barbé-Marbois ne paroît pas jouir d'une parfaite santé, il n'a vécu en route presque que de laitage.

Une indisposition étoit survenue à Barthélemy. Ne pouvant plus supporter le cahotement de la voiture où il étoit, il en demanda une plus douce. Elle lui fut accordée.

En route, ayant lié conversation avec la personne qui étoit avec lui, Barthélemy retraça en homme instruit, la topographie et l'histoire du pays, à mesure que nous le parcourions. Il parla de la destitution des ministres Cochon et Bénézech, et dit que lors des débats qui eurent lieu à ce sujet au directoire, il avoit proposé *pour, concilier les esprits et pour le bien public, de les conserver tous en place.* Il assura encore qu'il n'avoit accepté la fonction de directeur, que pour répondre au vœu des représentans de la nation, qui l'avoient appellé, et qu'il croyoit pouvoir être utile dans les circonstances critiques où se trouvoit la France ; il ajouta qu'il n'étoit redevable de son sort qu'à son obstination ; qu'il savoit bien qu'il ne pouvoit rester en France ; qu'il auroit desiré retourner en Suisse et que son frère, qui étoit à Paris, sollicitoit son changement de destination pour ce pays.

François Barthélemy, ex-directeur de la République Française, est un homme âgé de cinquante ans, taille de cinq pieds neuf pouces, assez bien constitué, marchant la tête baissée : il affectoit l'air modeste et le ton affable.

Barthélemy fit l'éloge de son domestique, Letellier.

Marin Letellier est âgé de quarante ans, taille de cinq pieds six pouces six lignes, d'une figure assez médiocre, l'extérieur calme et tranquille, montrant beaucoup de douceur et de politesse, cherchant à prévenir son maître par tous les moyens possibles et s'en occupant uniquement. Il n'a cessé de lui procurer tous les secours qu'il a cru convenable à sa situation. Barthelemy de son côté craignoit de lui laisser appercevoir tous ses besoins ; il disoit de lui, que ce n'étoit pas un homme ordinaire, qu'il étoit instruit et rempli de sentimens.

Nous couchâmes à Amboise ; les municipaux ne virent point avec plaisir l'expédition ; ils sont encore de l'ancienne fabrique. La garde nationale a mis tout le zèle et l'activité desirable dans son service. Le peuple de cette commune a crié *vive la république! vive le gouvernement! à bas les tyrans!*

Jusqu'à Amboise, Ramel avoit conservé sa fierté et son arrogance. On s'apperçut qu'il avoit encore sa capotte bleue d'ordonnance, qu'on avoit oublié de lui ôter à son départ. On lui dit qu'il ne pouvoit porter un uniforme dont il s'étoit rendu indigne; il le mit bas et baissa singulièrement le ton.

Philippe-Jean-Pierre Ramel, ex-commandant des grenadiers du corps législatif, âgé de trente ans, taille de cinq pieds quatre pouces, figure plate et longue. Il affectoit un grand sang-froid et un air décidé qu'il n'avoit pas. Son inquiétude perçoit à travers sa fermeté factice. Il paroissoit rongé de soucis, regrettant plus la place qu'il venoit de perdre que la ruine de son parti. Sa maitresse l'occupoit extrêmement; il en parloit sans cesse, il craignoit que la révolution arrivée dans son sort ne fit changer ses dispositions à son égard; il lui écrivoit fréquemment.

Un des chasseurs de l'escorte, que Ramel avoit forcé, par d'injustes traitemens, à sortir des grenadiers du corps législatif, lui adressa en route de vifs reproches: *ce n'est pas à moi que vous devez vous en prendre,* répondit

Ramel, *je n'étois que l'exécuteur des ordres que je recevois.*

En prenant les signalemens, on demanda à Ramel de quel état il étoit? Militaire, répondit-il. —— C'est un état bien honorable, lui dit-on. —— Oui, s'il étoit moins souillé, reprit Ramel. —— Vous devez le savoir, continua-t-on, et vous vous serez sans doute apperçu, depuis le 18, que la lessive nationale a purgé la troupe de beaucoup d'ordures.

Les administrations municipales et départementales nous accueillirent avec les égards de la fraternité. A Tours, les commissaires du directoire exécutif nous parurent des républicains pleins de zèle et de talent. Les signes de la liberté étoient par-tout arborés; les patriotes y respiroient; ils bénissoient le gouvernement. Nous n'en fûmes par surpris quand nous apprîmes que les autorités constituées avoient été renouvellées, pour soustraire les républicains aux poignards des assassins royaux. Les partisans de Louis XVIII sont contenus dans cette commune; le bon ordre et la tranquillité y règnent; le peuple ni ses magistrats ne sont pas disposés à laisser insulter la république. Les déportés, à la vue de toutes ces choses, manifestèrent encore plus de mécontentement qu'à *Blois.* On fut obligé de les mettre à coucher dans une prison où sont enfermés les criminels ; Bourdon de l'Oise apperçut au pied de son lit un anneau de fer : il demanda pourquoi faire cet anneau ? *Pour attacher les mutins*, dit un officier municipal. Bourdon qui crut qu'on lui en faisoit l'application, entre en fureur et faillit perdre connoissance.

Le concierge ayant apporté le registre d'écrou pour y inscrire les noms des déportés, Dossonville dit arrogamment *nos noms vont donc honorer ce registre. Vous n'êtes pas les premiers*, répondit le concierge ; *regardez par cette fenêtre, vous verrez des camarades qui l'ont honoré avant vous ; ce sont des lurons qui sont condamnés, les uns aux fers et les autres à mort.*

Les commissaires que la municipalité avoit envoyé pour l'exécution de ses ordres, ayant demandé à Lavilleurnois, en prenant son nom, ce qu'il étoit, *maître des requêtes*, répondit-il avec audace ; *je m'en fais honneur.* On lui observa qu'on ne connoissoit ni roi, ni maître des requêtes en France. —— *Quoique vous me disiez, monsieur, vous ne m'oterez pas ma qualité ; je suis maître des requêtes, je veux l'être.*

Lavilleurnois avoit l'air haut et protecteur. On l'eut pris pour Louis XVIII, si l'on n'eut pas su qu'il n'étoit que son représentant. Il jouissoit d'une grande considération parmi les autres conjurés, Rovère, Aubry, Delarue et Dossonville lui faisoient principalement la cour ; son maintien étoit altier, son air audacieux ; tout son extérieur décéloit une impatiente rage.

Charles-Honorine Berthelot-Delavilleurnois, ex-maître des requêtes, conspirateur royal, déjà condamné à la déportation par la commission militaire séante à la commune de Paris, est âgé de quarante-huit ans ; c'est un homme de cinq pieds cinq pouces, il ne s'est pas démenti un seul instant de ses principes contre-révolutionnaires et de son dévouement au roi de Blankenbourg. Les mots de *citoyen* et de *républicain* lui occcasionnoient une révolution très-marquante ; chaque fois qu'il les entendoit, il faisoit des gestes et des signes menaçans.

Dossonville affectoit aussi d'avoir les oreilles écorchées en entendant prononcer les mots de *patrie*, de *république*. Il en rioit aux éclats en regardant Lavilleurnois, Delarue et Brothier, avec lequel il paroissoit le plus lié. Les autres, excepté Delarue et Rovère, ne le regardoient pas d'un bon œil.

André-Charles Brothier, se disant mathématicien, déjà condamné à la déportation avec Lavilleurnois, âgé de quarante six ans, taille de quatre pieds onze pouces , ayant le teint bazanné , tirant sur le noir sale , oreilles longues et découvertes , assez mal tourné , d'un physique en général fort désavantageux. Il tenoit toujours à la main un petit panier vuide , à claire voie. On prétend que son intention étoit de figurer par là le tonneau fabuleux des Danaïdes , où l'on versoit toujours de l'eau sans pouvoir jamais le remplir , parce qu'il étoit défoncé par les deux bouts. On assure que le géomètre royal avoit eu recours à l'allégorie de son panier , pour montrer à ses complices et aux partisans qu'ils ont laissé dans l'intérieur , que les complots des royalistes se succèdent continuellement et s'écoulent tous , sans que leurs fabricateurs puissent en faire réussir un seul. Brothier avoit l'air ricanant , un ton insolent , une contenance hargneuse ; il étoit presque toujours seul retiré dans un coin.

Un frère de Tronçon-Ducoudrai , qui demeure à Tours , et qu'on dit être patriote , obtint la permission de voir son frère. Il n'avoit pas l'air d'être son ami ; mais il voulut lui faire ses adieux.

Guillaume-Alexandre Tronçon-Ducoudray , ex-député et l'un des défenseurs officieux de Louis XVI , âgé de quarante-cinq ans , taille de cinq pieds cinq pouces six lignes , tacheté

(23)

de rousseurs , marqué très-sensiblement d'une
brulûre à la joue. Il étoit morne et silencieux ;
son regard annonçoit de l'inquiétude ; il ne
jouissoit pas d'une grande santé : il a presque
toujours vécu de laitage le long de la route.
Il n'a rien laissé échapper de remarquable. (1)

Nous avons couché à Sainte-Maure : les autorités constituées n'ont pas manifesté beaucoup d'empressement. Il ne leur est échappé
aucun acte de félicitation sur la journée du
18 fructidor. La garde nationale s'est très-
bien comportée ; elle n'a négligé aucun moyen
pour la garde des condamnés. Le peuple de
cette commune paroît dans de bons principes.

La commune de Châtelleraud est encore sous
le joug de la contre-révolution. Les autorités y sont anti-fructidoriennes ; les Républi-

____

(1) Tronçon-du-Coudray a acheté une assez grande
quantité de livres à Tours.

Tronçon-du-Coudray étoit autrefois, dit-on , marchand
de vin à Reims ; c'étoit jusques-là un homme utile.
Tronçon-du-Coudray vint à Paris ; il y obtint du succès,
la tête lui tourna. Comme il visoit à la fortune , Tron-
çon , corsaire dans la partie judiciaire , mettoit à con-
tribution ses cliens ; il avoit la bassesse , la dureté de
se faire donner les derniers effets des malheureux qu'il
défendoit , lorsque ceux-ci n'avoient pas de numéraire
pour le payer ; il s'est montré en un mot le digne avo-
cat du tyran.

cains y sont complettement opprimés ; nous avons passé la nuit à Chatelleraud.

Ce fut là que les déportés apprirent, par les papiers publics , qu'ils lisoient tous les jours , le rappel de l'ex-directeur Letourneur (de la Manche), l'un des plénipotentiaires de la République à Lille. Ils parurent très-sensibles à sa disgrace ; » il n'avoit pas grands » moyens, dit Rovère ; mais il étoit l'intime de « Carnot ; il aimoit Cochon et Benezech. Il » avoit d'excellentes intentions, il devoit être » rappellé. Il ne faut pas que cela vous étonne, » répliqua brusquement Aubry. Ne voyez-» vous pas qu'on destitue les fonctionnaires » et les officiers qui avoient donné des preuves » de leur attachement aux bons principes. On » poursuit principalement ceux qui avoient » été nommés par le comité de salut public , » après le régime de la terreur. Les gens bien » nés , amis des lois, de la discipline et du » bon ordre, ne doivent pas convenir aujour-» d'hui.

Nous ne pouvons nous dispenser ici de caractériser deux hommes qui ont fait à la patrie des blessures si profondes qu'elles ne se cicatriseront pas de long-tems.

Joseph-Stanislas Rovère, ex-marquis , ex-mousquetaire noir à la cour de Louis XVI, et , par une déplorable fatalité , député à la convention nationale et au corps législatif, se disant général de brigade, âgé de quarante-neuf ans, taille de cinq pieds neuf pouces. Cet homme a fourni toute la carrière du crime ; c'étoit celui de tous les déportés qui prétextoit le plus souvent des besoins de tout genre ; il formoit toutes ses demandes d'un ton mielleux et patelin. Il inclinoit modestement les yeux et la tête, lorsqu'il parloit ; il savoit prendre les manières suppliantes ; c'étoit l'honnêteté même ; mais on appercevoit, à travers son air composé, un renard de cour qui vouloit sortir du trébuchet. Il cherchoit à attendrir sur son sort par la peinture touchante du sort d'une épouse qu'il laissoit enceinte et plongée dans la douleur.

A peine étoit-il remonté dans la voiture, que laissant tomber le masque de l'hypocrisie, et reprenant son caractère d'audace, il exhaloit, sous toutes les formes, ses ressentimens et sa fureur ; voyoit-il passer des militaires ou des détachemens de garde nationale, ah, ah, s'écrioit-il d'un ton dérisoire, *voilà les frères et amis, vive la République et la liberté, et le gouvernement,* ajoutoit Willot. Dossonville, à l'imitation de ces *Messieurs,* crioit aussi, *voilà les frères et amis.*

Rovère appercevant une espèce de tour assez élevée aux Ormes, demanda ce que c'étoit.

Monsieur, lui dit un chasseur qui l'avoit connu à Avignon, c'est une glacière......(1)

François Aubry, ex-député, âgé de quarante-neuf ans, taille de cinq pieds quatre pouces six lignes, le regard dur et méchant. Il parloit rarement. Le peu de mots qu'il proféroit étoient impregnés du fiel d'une rage concentrée. Il avoit l'air menaçant, le ton méprisant. Dans l'espoir, sans doute, que quelque bande royale viendroit attaquer l'escorte et le délivrer, avec ses compagnons, il demandoit souvent, d'un ton arrogant et inquiet, *sommes-nous encore loin de Rochefort.*

Les royalistes de Poitiers parcoururent cette ville pour la soulever contre nous; un d'eux, qui alloit de maison en maison, disoit à ses connoissances : *il n'en faudroit pas deux cents comme moi, pour délivrer ces malheureuses victimes ;* c'étoit ainsi qu'ils appeloient les

(1) Rovère, dès le commencement de la révolution française, protégea fortement ceux qui avoient entassé dans une glacière, à Avignon, une foule de victimes qu'on y enterra toutes vivantes, ou qu'il y faisoit jeter par ses satellites, après qu'eux et lui les avoient coupées par morceaux, et Rovère faisoit et ordonnoit tout cela au nom de la liberté, pour la faire détester. Ses autres crimes sont connus. Avant 1789, Rovère étoit capitaine des gardes du vice-légat du pape. Un tel poste étoit bien fait pour un semblable monstre.

déportés. Les patriotes nous reçurent avec joie : notre arrivée fut pour eux une fête. Conspués, opprimés et proscrits depuis deux années, ils commencèrent à respirer. La municipalité anti-fructidorienne, croyant punir les militaires de l'escorte et le peuple, avoit donné à la troupe des billets de logement chez les républicains ; mais les uns et les autres en furent très-satisfaits. Les royalistes, furieux, traitèrent alors les braves militaires et les patriotes de Poitiers de terroristes, d'hommes de sang ; ils se promirent même de nous faire un mauvais parti en revenant.

La maison d'arrêt étoit un ci-devant couvent, Dossonville dit, en y entrant : *c'étoit sans doute ici qu'on renfermoit les honnêtes gens, sous le régime de la terreur. Les autorités constituées ont su du moins nous rendre justice. Taisez-vous*, lui dit la Villeurnois ; *il sied bien à cet animal de s'assimiler aux honnêtes gens, n'a-t-il pas été lui-même un de leurs plus chauds partisans, un buveur de sang ?* Dossonville essaya vainement de s'excuser ; *taisez-vous, vous dis-je*, lui répliqua la Villeurnois en colère.

Le commissaire du directoire éxécutif et l'administration municipale de Lusignan sont des contre-révolutionnaires prononcés ; les républicains, car il y en a d'excellens dans cette commune, y sont traités publiquement de scélérats par ces *messieurs*. Le jour de notre arrivée, la marseilloise fut chantée dans le local où étoient les déportés. Messieurs les municipaux qui se trouvèrent là, se sont plaint qu'on les avoit insultés, en heurlant, disoient-ils, des chants *sanguinaires*. Une telle conduite ne nous a point surpris. Les honnêtes gens de cet endroit sont dans l'usage de traiter les généraux et les militaires patriotes de factieux et de brigands.

L'aubergiste chez lequel nous étions logés avec les déportés, vint donner connoissance que la garde intérieure des condamnés avoit bu trente-deux bouteilles de vin en une demi-heure de tems. On présuma que les déportés, de concert avec les royalistes de Lusignan, préparoient quelque tentative d'évasion. La garde fut sur-le-champ relevée ; et l'on prit des mesures. Le général de brigade qui commandoit l'expédition reçut à Lusignan l'ordre de son rappel.

Un patriote de Lusignan, qui avoit été victime des fureurs de Bourdon (de l'Oise) trouve le moyen de lui adresser la parole. *Tu m'as tenu*, lui dit-il, *trois ans dans les fers pour avoir servi ma patrie ; aujourd'hui, mon innocence est reconnue ; je suis libre, et toi, tu vas subir la peine que méritent tes for-*

faits. Bourdon, étincelant de rage, répliqua eu balbutiant, si tu n'as que cela à me dire..... Au surplus, nous ne sommes pas ici pour parler affaire politique.

Saint - Maixent renferme d'excellens républicains ; mais l'administration municipale est à-peu-près dans les mêmes principes que celle de Lusignan. Dans ces deux communes, on ne s'est point encore apperçu de la journée du 18 fructidor.

Nous couchâmes à Saint-Maixent ; comme en prenant les signalemens on avoit oublié de désigner les qualités de Lafond-Ladébat, on lui demanda ce qu'il étoit. *Président du conseil des anciens*, répondit-il. Ce fut envain qu'on lui observa qu'il n'étoit plus membre du conseil ; il persista toujours à se qualifier de la même manière.

André-Daniel Lafond-Ladebat, banquier, ex député, âgé de cinquante ans, taille de cinq pieds un pouce, maintien fier, tête élevée, ton haut et impérieux ; il avoit, à quelque chose près, la même tournure que Dumouriez ; mais son œil est plus fin et son physique plus agréable. Lafond - Ladebat paroissoit intérieurement agité d'un ressentiment profond. C'étoit à Murinais qu'il adressoit le plus volontiers la parole.

Antoine - Victor Augustin, ex-marquis de

Murinais, ex-député, se disant cultivateur, est âgé de soixante-six ans. C'est un homme d'une constitution robuste, taille de cinq pieds six pouces, yeux hagards. Il étoit taciturne et inquiet. Murinais représente assez bien l'avare. Il portoit sur son épaule une énorme et pesante valise, parfaitement garnie, qu'il ne vouloit confier à personne; il ne la quittoit pas d'un instant : dans la voiture, elle lui servoit de coussin, et la nuit, c'étoit son oreiller.

Les fonctionnaires publics de Niort n'ont pas été moins affligés des mesures sévères qu'on avoit prises contre des infortunés, disoient-ils. Ces messieurs critiquèrent avec une amère réserve le jugement rendu contre les déportés. Dans la crainte de quelque intrigue dangereuse, l'adjudant général Guillet fit défendre l'entrée de la prison aux municipaux, parce qu'ils avoient montré un zèle extrême pour les condamnés ; ils ne pûrent y entrer malgré les instances réitérées qu'ils firent au commandant de la garnison. Ce citoyen et les militaires qui sont sous ses ordres sont animés du meilleur esprit. Aussi ne sont-ils pas bien vus des municipaux.

Bourdon (de l'Oise) pendant la route, occupoit toujours une des premières places sur le devant de la voiture ; sa couleur et son physique le signaloient à tous les regards. Il recueillit partout les huées et les malédictions du peuple. Ce fut sur-tout à Niort qu'il fut accablé de reproches universels , pour les excès de tout genre qu'il y avoit commis lorsqu'il étoit en mission. Bourdon , par un pressentiment secret , avoit témoigné une certaine crainte avant d'arriver à Niort ; les royalistes et les patriotes , tous avoient un délit à lui reprocher : c'étoit un cri unanime. Bourdon confondu sous le poids de la haîne et du mépris public, eut recours aux excuses , qui ne furent pas entendues ; il prétendit avoir été égaré.

Bourdon a fait paroître constamment de l'inquiétude sur le sort de ses propriétés. (1) Dans toutes les communes ou nous avons couché ,

____

(1) Bourdon (de l'Oise) , jadis procureur , disoit ordinairement quand il étoit ivre , qu'il falloit qu'il devînt riche à quelque prix que ce fût ; c'étoit son secret qui lui échappoit à travers les fumées du vin. Le 10 août , après le combat , Bourdon (de l'Oise) fit enfermer des Suisses , prisonniers , dans une cave ; il fit murer les portes et les soupiraux quand elle fut pleine. Dans cette même journée , à jamais salutaire , après que le château eut été emporté , Bourdon (de l'Oise) faisoit sauter la tête des royalistes dans la chapelle ; et dans les premiers jours de prairial, le même Bourdon (de l'Oise) eut la sanguinaire audace de proposer à la convention nationale de fusiller ses collègues dans cette même chapelle , devenue la salle de la liberté.

les officiers municipaux prenoient les noms des déportés ; lorsqu'on demandoit celui de Bourdon et ses qualités, il croyoit toujours que c'étoit pour mettre le séquestre sur ses biens et s'en emparer. Ne recevant point de réponses aux lettres qu'il avoit écrites, *on a mis le séquestre sur mes biens,* s'écrioit-il.

François - Louis Bourdon (de l'Oise), ex-député, âgé de trente-sept ans, est un homme de cinq pieds sept pouces, cheveux et sourcils roux, ce qui lui avoit fait donner le sur-nom de *Bourdon le rouge.* Malgré son extrême sollicitude pour ses richesses et ses regrets d'avoir perdu la puissance, il n'a pas voulu pour cela que son ventre fut un instant victime de sa disgrace ; il mangeoit à ravir et buvoit encore mieux. La nuit, il dormoit, il ronfloit, il empoisonnoit tous ses voisins ; de manière qu'ils disputoient à qui s'en éloigneroit le plus. Une nuit que Bourdon ronfloit à son ordinaire, un grenadier qui étoit en faction dans la maison d'arrêt siffla et interrompit, pour un moment, le repos de Bourdon : je voudrois bien connoître celui qui se permet de troubler mon sommeil, dit Bourdon en colère, je lui ferois voir..... quoi ! reprit le grenadier ? Seroit-ce le sang des victimes que tu a fait égorger ?.....

Si Bourdon infectoit les lieux où il étoit,

Willot les embaumoit de son côté, avec des parfums d'Orient, riches présens qu'il avoit reçus des mains de l'ambassadeur ottoman. Les parfums du serrail enveloppoient le sybariste Willot dans une sphère voluptueuse, dont l'odeur se conservoit dans les endroits où il alloit plusieurs heures après qu'il n'y étoit plus. C'étoit pour lui un excellent préservatif contre les miasmes pestilentiels de Bourdon (de l'Oise).

André Willot, ex-député, ex-général-divisionnaire, commandant à Marseille, âgé de quarante ans, taille de cinq pieds deux pouces, regard sombre et méchant, figure fausse et vile, affectant de l'audace. (1) Un jour il disoit

---

(1) Chef de la réaction dans le Midi. Il avoit la manie, comme les officiers de l'ancien régime, de mépriser les magistrats civils ; il affectoit à leur égard une morgue insolente. Tout ce qui étoit patriote lui devenoit odieux. Willot étoit un fanfaron qui étoit fêté, caressé chez Carnot et Letourneur. Ces deux derniers étoient oppresseurs des patriotes, pleins d'orgueil et de jactance, et lâches comme des prêtres. Il ne fréquentoit que les royalistes les plus connus par leurs opinions et sur-tout par leurs richesses ; ses officiers généraux avoient son caractère. Liégard, Moyniat, D'auxon et autres étoient dignes de servir sous les ordres de Willot. Ils faisoient enlever en masse des patriotes jusques dans les promenades publiques sans aucun motif. On les plongeoit dans les cachots, où ils restoient plusieurs mois sans qu'aucun officier de police judiciaire approchât d'eux. Une

que, pour le récompenser des services impor-
tans qu'il avoit rendu à la France dans la
Vendée, et particulièrement dans le Midi,
il se trouvoit payé par une déportation. Il se
plaignoit avec aigreur de l'ingratitude de
son parti, qui l'abandonnoit lâchement, disoit-
il. Il avoit toujours quelque chose à redire ou
à demander : il est devenu un peu plus trai-
table sur la fin.

La commune de Surgères est encore régie
par une administration municipale anti-fructidorienne. La garde nationale de ce bourg a
montré le plus grand zèle ; les municipaux,
qui n'étoient pas fort échauffés, se sont pour-
tant rangés à leur devoir. Après le dîner, les
déportés raisonnoient sur leur nouvelle exis-
tence ; quelqu'un d'entr'eux ayant manifesté
de l'inquiétude sur les récoltes du pays où
ils alloient, Bourdon prit la parole et dit,
et moi je m'en f..... qu'il y ait des vignes à
cultiver, je m'en charge......

Bourdon, suivant son usage, ne répondoit

____

foule de ces malheureux soupirent encore en ce moment
après leur liberté. Willot écrivoit bien ; il étoit actif.
Sa correspondance étoit très-suivie ; mais elle étoit toujours montée sur le ton de la réaction, et elle portoit
l'empreinte de son ame. Pour donner le dernier coup
de pinceau à ce portrait, Willot n'a servi dans le Midi
qu'à exaspérer les esprits et à rendre le gouvernement
odieux.

jamais qu'avec aigreur et en rechignant, aux questions qu'on lui faisoit, ce qui lui valut, à Surgères, une semonce de la part de Piche-gru ; *je trouve fort étrange*, lui dit-il, *que vous répondiez d'aussi mauvaise grace ; si un autre ordre de choses avoit eu lieu, peut-être auriez-vous agi avec moins de douceur ? répondez plus décemment.*

Pichegru ne s'est pas débotté une seule fois ; il s'est toujours couché enveloppé dans son manteau. Il fumoit beaucoup, lisoit et buvoit régulièrement une demi-bouteille d'eau-de-vie par jour.

Pendant les six premiers jours, on ne lui avoit pas entendu proférer un seul mot ; enfin rompant le silence, *une heure plus tard, nous les tenions*, dit-il ; *ils ont bien fait de prendre l'avance, ils feront mieux encore de ne pas nous laisser échapper.*

Charles Pichegru, ex-général, ex-député, âgé de trente-six ans, taille de cinq pieds cinq pouces, visage plein, teint bazanné, porte la tête un peu inclinée. (1)

____

(1) Pichegru, natif d'Arbois, étoit fils d'un vigneron peu fortune ; il avoit fait ses études dans un collège de Minimes, où il resta attaché quelque tems en qualité de répétiteur de mathématiques. Il eut, à ce qu'on assure, l'envie de se faire moine ; on prétend même qu'il fit son noviciat. S'étant engagé ensuite dans un corps d'artillerie, il y devint sergent. Il est à présumer que Pichegru n'eût pas été plus loin sans la révolution. Elle vint bien-

Les déportés ont été parfaitement bien traités en route. Ils ont toujours couché chacun
dans un lit commode et séparé ; ils ont eu
toutes les facilitées de se procurer tout ce
qu'ils ont desiré. Leur table a toujours été
bien servie. Lorsqu'ils ne trouvoient pas le
vin bon, et ils étoient très difficiles sur ce
point , on donnoit des ordres pour le leur
faire changer ; ils prenoient, tous les jours,
leur café et des liqueurs

Les déportés ont eu toute la liberté possible

---

tôt l'arracher à son obscurité ; on sait ce que Pichegru
a fait pour et contre elle , ou plutôt pour satisfaire son
ambition et son avarice coupables. On se rappelle la conduite de Pichegru à Paris , sous les ordres des Aubry ,
des Rovère et des autres conspirateurs royaux en ger-
minal. Il pensoit dès-lors à opprimer la République pour
rétablir l'affreuse royauté. On connoît la correspondance
de Pichegru avec le prince de Condé , les émigrés et les
conspirateurs de l'intérieur , qui avoient promis de lui
donner la terre d'Arbois , avec 200 mille livres de rentes,
un million , un hôtel à Paris et le bâton de maréchal
de France pour prix de sa trahison , de ce qu'il auroit
rendu le peuple français à sa servitude et livré les villes
et les armées à l'ennemi. Pour réussir dans cet exécrable
dessein , Pichegru souffroit tranquillement que les royalistes lui attribuassent, dans leurs journaux et leurs écrits,
la gloire de la bataille de Fleurus , qui appartient toute
entière au brave général Jourdan et à l'intrépide armée
qu'il commandoit , et non à un traître tel que Pichegru,
qui n'y a point contribué. Le but des royalistes étoit
de faire par là une réputation colossale à leur maréchal
Pichegru , aux dépens des Jourdan , des Buonaparte et de
tous les autres généraux républicains.

Qu'une telle renommée auroit été fatale et nous eût
coûté cher , si les conspirateurs ne fussent tombés eux-
mêmes dans le piège qu'ils nous tendoient.

dans leur voiture et dans les divers endroits où ils ont logé ; plusieurs d'entr'eux ayant demandé à descendre des voitures et à marcher au milieu de l'escorte , on le leur a accordé ; enfin on a eu pour eux tous les égards permis par les circonstances. De Paris à Rochefort, le peuple a témoigné généralement sa satisfaction sur la journée du dix-huit fructidor. *Enfin, s'écrioit-il , voilà donc nos affameurs , nos bourreaux ; nos tyrans. Boissy - famine est-il là ?*

Nous prîmes, à divers endroits , des détachemens pour éclairer la route, et nous prémunir contre les attaques.

Nous eûmes la douleur d'appercevoir trop souvent les ravages affreux de la royauté. Les bonnets de liberté sont effacés sur presque toutes les bornes, où ils remplaçoient les fleurs de lys. Presque par-tout, les arbres de la liberté, par leurs branches sèches et arides , ne représentent plus que le squelette de la liberté , ou ils ont entièrement disparu.

Après quatorze jours de marche , nous arrivâmes à Rochefort le premier vendémiaire de l'an 6; un peuple immense bordoit la route à une grande distance ; il brûloit du desir de voir les déportés.

La troupe composant la garnison, et celle faisant le service de la marine , nous attendoient sous les armes , hors la porte de la ville.

Elles formèrent la haye, avec l'escorte. Nous cotoyâmes les murs et prîmes la direction du port qui est à un quart de lieue de Rochefort. A mesure que nous avançions, au milieu des chants civiques et des cris *de vive la republique, vive le gouvernement*, mille fois répétés, la foule des spectateurs grossissoit. La pleine en étoit couverte. Les déportés s'étoient flattés en route qu'ils passeroient l'hiver à Rochefort. Ils furent extrêmement surpris de ne point entrer dans la ville. Ils le furent bien d'avantage lorsqu'ils se virent au port. Les barques étoient toutes prêtes pour les recevoir ; le peuple se pressoit pour voir leur figure. Les cris *de vive la république* et les chansons patriotiques redoublèrent.

Les négocians de Rochefort envoyèrent offrir à Lafond-Ladebat, autant *de fonds* qu'il en voudroit emporter, il accepta seulement cent louis. Ce fut lui qui passa le premier dans la barque. Dès qu'il y eut mis le pied, les marins, les chapeaux élevés en l'air, crièrent de toute leur force, *vive la république! à bas les tyrans!* ce qui déconcerta un peu messieurs les déportés. Plusieurs d'entr'eux avoient conservé jusqu'à ce moment l'espérance de recouvrer leur liberté. Barthélemy étoit de ce nombre ; en s'embarquant, il laissa échapper de ses yeux quelques larmes. Bourdon voulut engager une querelle, parce que son signalement portoit des yeux gris et qu'il prétendoit les avoir bleus. Comme le tems pressoit, on ajourna la discussion et Bourdon fut prié de passer à bord, ce qu'il fit de très-mauvaise grace. Dossonville ne trouvoit pas non plus que les signalemens fussent bien faits. On lui observa qu'il n'étoit pas étonnant qu'il sut mieux les faire , ayant passé autant de tems à l'école de Rovère et de Cochon ; qu'au surplus cela ne devoit point l'empêcher de s'embarquer. Ah ! ah ; dit-il , *nous verrons la suite, nous reviendrons peut-être......* Alors il passa dans la barque , salua humblement les matelots qui lui dirent : *allons , allons, passe.*

Murinais avoit eu une peine infinie à confier sa valise à un matelot pour la porter à bord. Comme il marchoit devant , sur la planche , il se retourna pour voir si la valise le suivoit , ce qui lui fit faire un faux pas , et pensa le faire tomber à l'eau , on lui cria de prendre garde à lui. *Qu'y a-t-il à craindre* , dit Lavilleurnois, *tomber ici ou tomber ailleurs , n'est-ce pas la même chose ?*

Rovère, qui, pour intéresser en sa faveur, parloit toujours de sa femme, rappela encore les inquiétudes et les chagrins que sa perte alloit lui causer ; on lui répondit qu'ayant eu lui-même une singulière indulgence, une humanité sans pareille envers les femmes et les enfans des malheureux qu'il incarceroit et dont il avoit réduit les familles au désespoir, lorsqu'il étoit membre du comité de sûreté générale, sans doute le ciel l'en récompenseroit. Rovère alors, désespéré de n'avoir pas couvert davantage la France de sang et de ruines, jette un dernier regard de fureur sur la république, qui le vomissoit de son sein avec ses complices, et s'embarque d'un élan. La terre de la liberté parut allegée d'un fardeau épouvantable.

La mer étoit basse. La chaloupe les porta à bord d'un sloop qui mit sur-le-champ à la voile sur une rivière large et profonde et alla rejoindre en rade, à six lieues de distance, une corvette qui attendoit les déportés pour les mener à leur destination. La corvette étoit déjà partie, lorsqu'un courier extraordinaire arriva. On fit des signaux ; la corvette revint. Les déportés crurent qu'ils alloient être délivrés, la joie rayonnoit sur leur visage ; mais il ne s'agissoit que de changer le capitaine qui étoit trop jeune et de le remplacer par un homme plus expérimenté et plus sûr. La consternation succéda bientôt à cette allégresse éphémère. La corvette fit voile et ils disparurent.

Paris le 15 vendémiaire, an 6 de la République une et indivisible.